Marco Aresta

Geometría Sensible en la BioArquitectura

AF570076

Marco Aresta

Geometría Sensible en la BioArquitectura

Morfologías de la naturaleza para una Arquitectura Biológica

Editorial Académica Española

Imprint

Any brand names and product names mentioned in this book are subject to trademark, brand or patent protection and are trademarks or registered trademarks of their respective holders. The use of brand names, product names, common names, trade names, product descriptions etc. even without a particular marking in this work is in no way to be construed to mean that such names may be regarded as unrestricted in respect of trademark and brand protection legislation and could thus be used by anyone.

Cover image: www.ingimage.com

Publisher:
Editorial Académica Española
is a trademark of
International Book Market Service Ltd., member of OmniScriptum Publishing Group
17 Meldrum Street, Beau Bassin 71504, Mauritius

Printed at: see last page
ISBN: 978-620-2-14184-0

Copyright © Marco Aresta
Copyright © 2018 International Book Market Service Ltd., member of OmniScriptum Publishing Group
All rights reserved. Beau Bassin 2018

GEOMETRÍA SENSÍBLE PARA UNA ARQUITECTURA BIOLÓGICA

Marco Aresta

INDICE

1. PROLOGO

La necesidad de expresar una idea está directamente vinculada al deseo de entenderla. Es en este sentido que trato en estos años de entender la arquitectura, esa inefable y extensa diosa que, con sus caprichos de creadora y su generosidad de maestra, nos dota de enseñanzas y nos provee de cobijos sanos, confortables, duraderos y sensiblemente atractivos. Seria increíble que esto pasara, aunque se me presenta muy "sui generis" confiar todo a una Diosa. Así que nos toca a los comunes mortales seres humanos continuar pensando, sintiendo y haciendo espacios que sirvan nuestras necesidades en esa búsqueda incesante y obligatoria por encontrar nuestros cobijos.

Cuestionar en base al ejercicio teórico y practico es importante para seguir profundizando en la espacialidad que nos sirve como cobijo. Que nos sirve ancestralmente y en lo mas genuino de nuestro ser mamífero.

Fig. 1 Vivienda C&M en Trevelin, Chubut, Argentina. Cúpula central con techo perimetral vivo y alabeado . Vivienda en tierra con aplicación de Geometría Sensible y diseño bioclimático.

En la actualidad, la Arquitectura encara obligatoriamente el desafío de las demás áreas del conocimiento en lo que respecta a actualizarse, metamorfosearse o simplemente adaptarse a condiciones de vida que sustenten en el tiempo al ser humano en su permanencia en el planeta Tierra. En función de eso, hablar de arquitectura sustentable es prácticamente un pleonasmo, dado que la arquitectura debe de ser en si una actividad sustentable, sino no tiene razón de existir y perece.

En base a la anterior reflexión me pareció importante como base conceptual del pensar y hacer arquitectónico ampliar el concepto de arquitectura y sumarle una dimensión humanizada, o sea biológica, solamente para reforzar conceptos que la arquitectura contemporánea reclama como ente vivo en los cambios de la actualidad.

Arquitectura Biológica se define en base a cuatro principios: entorno, forma, materia y ser humano. Una vez más, esta conceptualización, no es más que un intento de estructurar la información para dar coherencia al acto del hacer y además permitir cuestionar y mejorar las propuestas con un hilo lógico de pensamiento.

A nivel de "**Entorno**", los proyectos arquitectónicos deben contemplar su envolvente, con diseños Bioclimáticos, comprometidos con el clima y el lugar de implantación; y que contemple el análisis y la lectura cosmo-telúrica del espacio físico promoviendo identidad, vitalidad y armonía. El entorno y la implantación de la vivienda es el elemento condicionante que influencia e inspira la nueva arquitectura a proponer. El entorno es también la oportunidad de mimetizar la vivienda con su contexto en el sentido de entender las idiosincrasias de cada región. Por otro lado, el entorno se ve también inexorablemente alterado por el conjunto edificatorio, con lo cual este debe hacer que mejore. El impacto es obligatorio, lo importante es que se pueda impactar para mejor.

En segundo lugar la **"Forma"** debe ser entendida desde el estudio de morfologías orgánicas adaptadas al ser humano (sus proporciones, movimientos, etcétera) con la utilización de plantillas de **Geometría Sensible** en el proyecto como base conceptual y estructural del espacio. Aparte de la lectura atenta de los sistemas, proporciones y patrones de la naturaleza, nuestro cuerpo define un infinito abanico de posibilidades a la hora de identificar escalas, recorridos y sentidos para la forma arquitectónica.

En tercer lugar, que la "**Materia**" de la construcción sea, mayoritariamente, de uso de materiales naturales, sanos y locales como son la tierra, la paja, la caña o la madera, de manera a que su impacto a nivel de ciclo de vida sea nulo. Es clave la lectura atenta de todo el proceso desde la extracción del los materiales hasta el hipotético termino de la construcción.

Y por ultimo, que la pratica del proyecto y de la construcción sea desde el ser humano para el ser humano, adonde el profesional es un agente social que trata de ayudar a encontrar soluciones para las necesidades del espacio y del habitar humano. Y también, sumando a la propuesta de materiales naturales, que se utilicen recursos locales. Esto hace que se pueda favorecer la economía local y regional, ampliando la posibilidad de adaptar la obra lo más posible al lugar haciendo uso de recursos humanos y materiales.

Este libro pondrá especial acento en el segundo punto: la aplicación de la Geometría Sensible en la conquista de una arquitectura biológica. Como tal, empecemos por delinear la definición de Geometría Sensible, un concepto más, importante a la hora de comunicar una idea.

Haciendo uso de la combinatoria de factores descritos, y obviamente ampliando cada foco de trabajo y discusión a las condicionantes locales, podemos cada vez más identificarnos con lo ancestral, buscando que lo contemporáneo sea siempre una sistemática actualización de conceptos mejorados por el desarrollo tecnológico, técnico e ideológico.

2. GEOMETRÍA SENSÍBLE

En todo el entorno encontramos formas geométricas que percibimos de manera intuitiva antes mismo de ganar conciencia sobre ellas. Esto pasa sencillamente porque vivimos en un entorno formal, adonde todo es forma! Como tal, la forma está presente de manera permanente ("sacro") desde el mas sutil e intangible elemento, hasta la mayor conformación de materia. No percibirla desde nuestro aparato sensitivo seria imposible.

En relación a la Real Academia Española, "sensible" significa algo "que puede ser conocido por medio de los sentidos". [15] Pero que sentidos? Actualmente, ciencias como la Neurología y Psicología, reconocen la existencia de más sentidos aparte de los 5 sentidos básicos, que nos permiten acceder al orden de la realidad intangible. Empezamos por decir que accedemos a nuestro entorno en base a los sentidos y que, tal como dice Daniel Siegel,[1] "toda la información nos llega a través de los sentidos". [10] ¿Que tipo de información? ¿Qué género de sentidos?

Fig. 2. Construcción de una vivienda de tierra con aplicación de geometría sensible y diseño bioclimático en clima frio. Vivienda L&J en el Hoyo, Chubut, Argentina

Además de nuestros órganos de percepción sensorial que actúan como perceptores geométricos con mayor o menor sensibilidad, tenemos un complejo aparato que nos caracteriza como entes sensibles en un entorno condicionante, dispuestos a una información geometrizada.

---

[1] Médico y psiquiatra nacido en 1957 se graduó en Harvard Medical School. Experto en neurociencia y pedagogía. Actualmente es director del Mindsight Institute y del Mindful Awareness Research Centre en la UCLA.

La información nos llega por un conjunto de emociones que corresponden a reacciones biológicas de nuestro cuerpo. Una vez conscientes, esas emociones pasan a ser sentimientos (como el miedo o la alegría) y pensamientos en nuestra mente que nos dan la capacidad de razonar, planificar, etc. La parte consciente de la percepción y de las emociones es a lo que llamamos mente que surge directamente de la actividad cerebral. Con lo cual, "si no hay cuerpo, no hay mente" [10]

Nuestro cuerpo está en constante relación con el entorno condicionado por la forma y el espacio que habitamos. Para que el ser humano, como ser biológico, sensible a su entorno, no se vea en confronto y oposición con la propia espacialidad proyectada, esta debe de ser caracterizada por elementos geométricos que lo integren. La integración entre el ser que habita, la forma y espacio proyectados y el entorno natural es dada por la Geometría Sensible.

Sabiendo que accedemos al entorno tangible e intangible por medio de diversos sentidos, captando el universo geométrico. Ese Universo incorpora constantes geométricas.

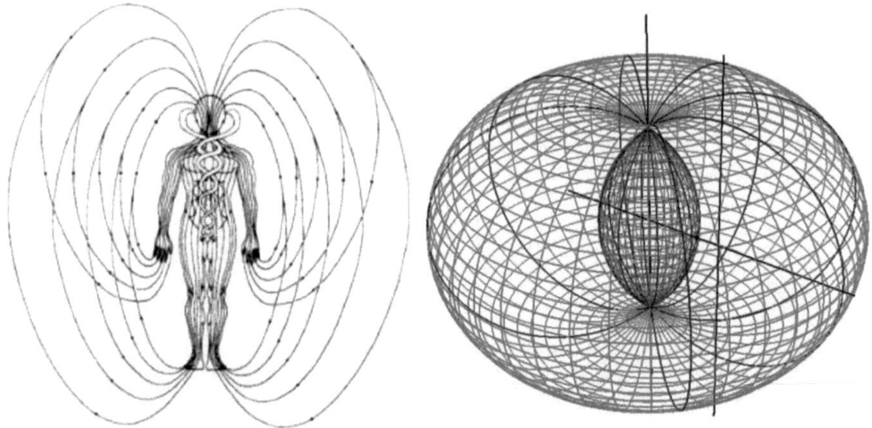

Fig. 3 (a la izquierda) Geometría toroidal del campo electromagnético del ser humano.

Fig. 4 (a la derecha) Toroide simulando la geometría toroidal en el campo magnético de la Tierra.

También sabemos que habitamos un Universo semiótico y que, aparte de que seamos influenciados por la dimensión física de la Geometría, también construimos nuestra realidad en base a modelos significativos. Ese Universo semiótico es dado por geometrías con carácter universal, arquetipos que estructuran formas de sentir, pensar y hacer.

En continuación, es importante saber cual es el marco teórico específico con el cual PODEMOS TRABAJAR. ¿Porque le llamamos Geometría Sensible?

Como dice Robert Lawlor[2] (1982): *"El contenido de nuestra experiencia procede de una arquitectura geométrica inmaterial y abstracta que está compuesta de ondas armónicas de energía, nodos de relaciones y formas melódicas que brotan del reino eterno de la proporción geométrica."*

Si somos sensibles a un universo dado por y en geometría, esa geometría es de carácter sensible. En ese caso igual que todas las demás geometrías. ¿Entonces, porque tenemos necesidad de distinguir?

No se trata solamente de una distinción cualitativa para un lenguaje formal, aunque eso también sea la base de la justificación conceptual. Tampoco se trata solamente de un modelo para entender la realidad, aunque ese sea también un importante justificativo.

Intentemos definir. Determinados elementos geométricos que habitan nuestro modelo de Geometría Sensible se encuentran permanentes en estructuras de la Naturaleza - incluyendo al ser humano en estas estructuras. Como tal, no solo tenemos acceso a elementos geométricos que se repiten por estar en el origen de toda la creación, como son la **sinusoide** de los estampidos sónicos o las **espirales y helicoides** de animales y plantas; como también las tenemos incorporadas en nuestra estructura sensible: la doble hélice de nuestro código genético o los pentágonos de las cadenas de protamidas del ADN, además de la estructura fractal de nuestro cuerpo celular o del sistema sanguíneo. [10]

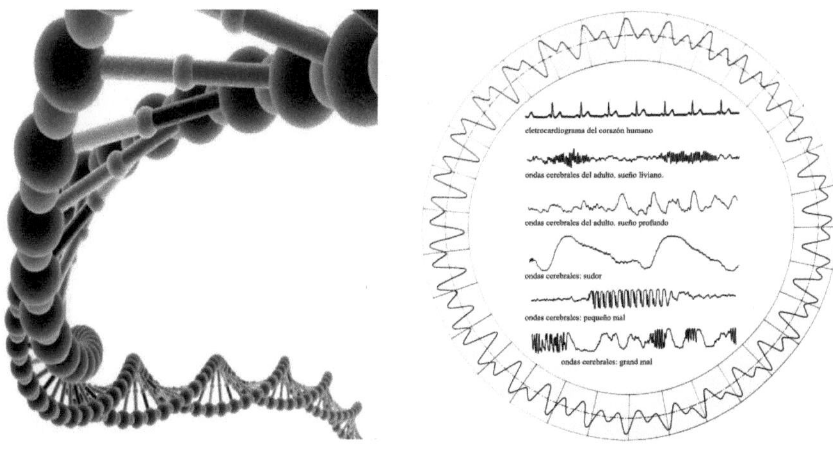

Fig. 5 (a la izquierda) Esquema de la doble hélice de la molécula de ADN

Fig. 6 (a la derecha) Sinusoides en ritmos de la Naturaleza. Comparación de patrones rítmicos, cósmicos y biológicos hecha por Doczi en su libro "El Poder de los Limites". [4]

---

[2] Robert Lawlor nasce en 1939. Importante matemático, mitólogo y simbolista, autor del libro "Geometría Sagrada", fue miembro fundador de Aeroville en India.

Como tal, accedemos de forma sensible al entorno geométrico que está presente de forma permanente en distintas escalas de la Naturaleza. Es un universo físico y la universalidad de la Geometría se da por su constancia en procesos y fuerzas de la Naturaleza. Es Geometría Sensible porque nuestros sentidos la captan fruto de su constancia y existencia permanente en el entorno y en nosotros.

Además de esto, conferimos a esas constantes geométricas, una realidad simbólica que se revela universal para la Humanidad a través de los arquetipos. Estos estructuran nuestros conceptos y acciones y determinan un lenguaje formal universal.

Otra característica plausiva es que la Geometría Sensible establece una conexión entre los dos hemisferios del cerebro, dado que el aspecto funcional de la Geometría es aprehendido por el hemisferio izquierdo del cerebro y el aspecto simbólico de la Geometría es aprehendido por el hemisferio derecho del cerebro. Esto nos posibilita acceder a una cualidad intelectual que nos permite el entendimiento y la creatividad. Los antiguos egipcios llamaban a esta capacidad la inteligencia del corazón, los griegos le llamaban la razón pura, y en India se llamaba el "corazón-mente".

Pero, a lo hasta ahora descrito, debemos sumar un estado de la forma que la hace más sutilmente sensible, que vive en ese estado de lo todavía no consciente, en esa liminar barrera con lo inexplicable, aquello que solamente se siente, el nivel imaginario. Hablamos de la dimensión **fractal**, de los espacios intersticiales y fraccionarios de la forma, aquello que, en algunos casos, se da literalmente por la traslación o rotación de volúmenes y superficies, y que en otros casos se da por el vacío producido por la conformación de la forma en procesos de **Simetría**. De una o de otra manera nos aparece como por asombro provocando el espanto y la sorpresa, algo fundamental para que nuestro cuerpo reaccione.

Esto hace que estos atributos geométricos, - Simetría y Fractalidad-, armen una Geometría no del ámbito epistemológico sino una Geometría intuitiva del ámbito del aprendizaje sin enseñanza. Tal como aprendemos nuestra lengua materna y no la volvemos a olvidar, también la Geometría Sensible la tenemos incorporada como seres en un entramado universo arquetípico. La Geometría Sensible demuestra gráficamente un nivel de experiencia que es universal.

Exploramos así, no lo que ya fue explorado, sino ese sutil y silencioso vacío que surge de la forma, el espacio. Exploraremos no las constantes geométricas y las proporciones matemáticas de la Naturaleza sino sus intersticios inmateriales derivados de la producción de formas. Así como también las formas que se pueden generar mediante los espacios que observamos en el universo biológico. De esta manera nos acercamos a la morfología arquitectónica como complejo dispositivo proyectual.

En suma, la Geometría y por antonomasia la arquitectura se vuelven sensibles, cuando incorporan a la realidad física de la matemática una realidad simbólica y una realidad imaginativa expresa por la Simetría dinámica y la fractalidad. Estas tres "instancias de la forma" definen un lenguaje formal y espacial.

3. INSTANCIAS DE LA FORMA

El lenguaje formal y espacial de la Arquitectura Biológica deriva de la geometría sensible con sus tres instancias formales.

Este lenguaje, no solo determina un eje en la creación, sino que también proporciona la posibilidad de describir objetiva y subjetivamente las formas y espacios, delineadas por un análisis morfológico cualitativo. Esto no es más que una herramienta para el diseño, traductor de la Naturaleza, pero al mismo tiempo es también la manera en que nuestro cuerpo percibe la realidad.

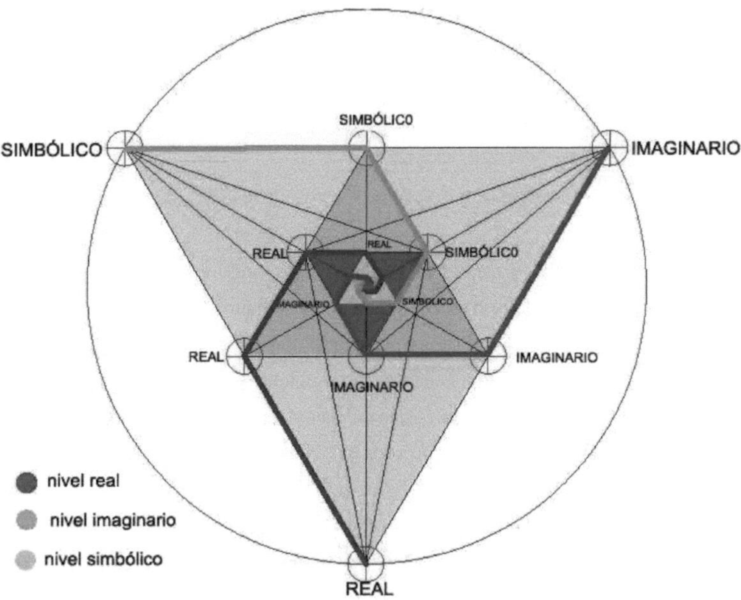

Fig. 7 Cuadro esquemático de las instancias de la forma.

La "**instancia real**" de la forma está en el contexto de los elementos geométricos de la Geometría Sensible (arquetipos de la humanidad) encarados como herramientas y procesos generativos para la creación de Espacios Biológicos[3]. Estos espacios derivan del análisis de la

[3] "El conjunto de formas producidas deriva de las geometrías presentes de manera permanente en la Naturaleza, específicamente de las geometrías presentes en organismos vivos. Concretamente sitúo mi análisis en el espacio derivado de esas geometrías, no solamente de los propios seres tridimensionales como es nuestro propio cuerpo, como también, en el caso de los animales, de los espacios que originan y les sirven de medio y cobijo. Teniendo los espacios generados para y por el ser humano los mismos atributos geométricos del entorno biológico, lo defino como Espacios Biológicos. El espacio es tenido como contenedor y contenido de los elementos geométricos. El espacio es la "dimensión ausente" de la Geometría generado por la "dimensión ostentada" de la Geometría, la forma." (ARESTA, 2012) (2)

Naturaleza con la intención de generar espacialidades que a su vez se identifiquen con el ser humano y construyan espacios saludables para éste.

Fig. 8 Dibujo del ante-proyecto de Gureetxea, El Hoyo, Chubut, Argentina

Esta instancia engloba un *estadio tangible* de la forma, en el que se la identifica con elementos de la Geometría Sensible. Sus atributos, funcionan como directrices y/o generatrices en la creación de superficies y volúmenes que posteriormente se materializan en paredes y techos. Los elementos geométricos, como son el círculo, la sinusoide, el cicloide o la espiral, están antes del mismo proceso. Se utilizan dentro de una existencia propia de manera objetiva. Ellos existen en nuestro entorno antes mismo de que el ser humano tome conciencia de ellos a través de procesos de significación.

Posteriormente, los mismos elementos geométricos identificados, se prestan como herramientas sobre las cuales se establecen criterios generativos. Estos criterios generativos tienen que ver con la determinación de los "movimientos rígidos" de simetría (rotación, traslación, espejismo, ampliación/reducción y movimientos combinados) de transformación aplicados a los elementos geométricos.

Este nivel engloba también un *estadio intangible* de la forma donde son descriptas objetivamente las constantes y proporciones geométricas de la Naturaleza biológica utilizadas como elementos generativos. Estas proporciones y constantes geométricas determinarán por ejemplo el origen de las espirales y de las sinusoides, además de ser elementos estructurales de los movimientos de transformación que originarán las superficies y volúmenes de la arquitectura.

En síntesis, la instancia real de la forma, coincide con el nivel generativo de las formas y espacios. La misma forma se ve influenciada por procesos externos que definen la pragmática de la Arquitectura, como son la lectura del terreno, de lugar y clima, la funcionalidad de los espacios o los deseos del cliente.

La **"intancia imaginativa"** es aquella en la que se desarrolla el *pensar en imágenes*. Es la "dimensión del engaño" como decía Lacan. Cuando me refiero a imágenes, en el contexto de la producción de espacios arquitectónicos, incluyo también las imágenes auditivas. Sin embargo, las imágenes visuales asumen una importancia privilegiada al momento de provocar distintas lecturas de la forma. Podemos tomar como ejemplo a las ilusiones ópticas o el poder de fascinación que tienen las imágenes y cómo nos atrapan provocando nuestra fascinación en el juego de apariencias.

Pero, tal como refiere Roberto Doberti[4], "las apariencias engañan, la forma no", en esta instancia descriptiva de la forma se manifiestan los atributos geométricos de las formas y espacios y su valor morfológico, así como los referentes que encontramos en el imaginario colectivo dado por el entorno geométrico de la Naturaleza, auténticas metáforas del proceso creativo.

Los atributos geométricos son determinados por imágenes fijadas por instancias de la forma. Cada instancia es siempre un proceso de elección y selección de ciertas hipótesis entre todas las posibles presentadas durante el proceso de creación. La instancia imagintaiva de la forma trae el proceso de selección y elección, dado que se eligen determinadas imágenes en preferencia de otras. Por ejemplo: una vivienda con la planta de una flor de loto es un conjunto de elipsis rotando y escalándose alrededor de un circulo en la instancia real de la forma. En la instancia imaginativa, la imagen producida remite a la flor de Lotus y es determinada por una instancia en concreto de la forma que vino de las múltiples propuestas de transformación de la planta de arquitectura. La polisemia de la forma obliga a confirmar y elaborar la propia forma.

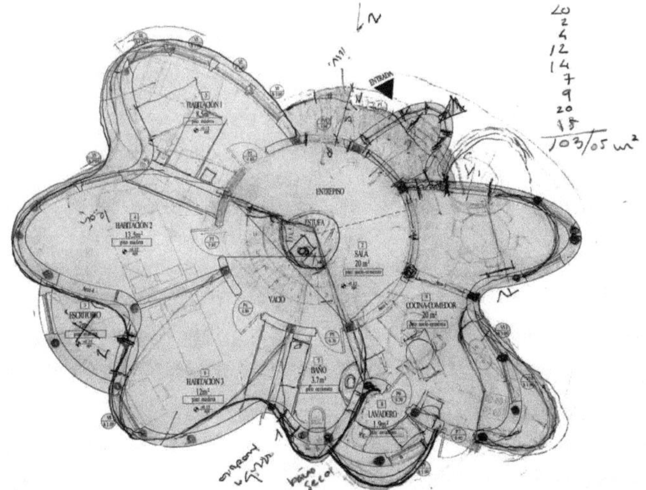

Fig. 9 imagen del ante-proyecto de la vivienda Lotus

[4] Doberti, Roberto es profesor doctorado de la FADU-UBA, director de la maestría en Lógica y Técnica de la Forma y autor de diversas ponencias y libros sobre Morfología.

Las relaciones que se van encontrando con el imaginario de formas presente en el entorno geométrico de la Naturaleza biológica son de carácter subjetivo, dado que llevan a una selección impuesta por uno mismo y sirven de concepto y metáfora de la creación.

En suma, la instancia imaginativa de la forma se refiere a lo que identifico como momentos temporales de la forma y las defino como imágenes estables, instancias formales de la metodología de proyecto, del proceso de creación. En este sentido, estamos hablando de la Simetría y de la Fractalidad, elementos organizativos de las formas y espacios creados y que confirman imágenes en cada etapa de transformación.

Si en la instancia real de la forma se identifica y describe las operaciones y herramientas generativas de las formas y espacios, en la instancia imaginativa de la forma se identifica lo que por "espejismo" en el entorno biológico ha servido a la organización de los espacios arquitectonicos. Esto establece un comparativo al mundo Natural biológico.

La **instancia simbólica** de la forma equivale a un lenguaje simbólico: se piensa, se razona, y existe comunicación entre los humanos porque significamos. Constituye el registro más amplio.

El lenguaje simbólico elabora una descripción y análisis con carácter subjetivo. Este alimenta el acto creativo, lo metaforiza, lo justifica, lo descubre, lo significa. La forma y su espacio se construye, por un lado fruto de la identificación de significados dados como universales, y por otro lado con la construcción simbólica inmediata hecha en base a lo sensible.

El símbolo como estructura e identidad de una determinada forma y espacio es dado por procesos de significación del ser humano. Tal como dice Cassirer *"...es por la función simbólica que el ser humano se distingue de los animales."*

Como definición, un símbolo es una figura, una marca o un cualquier objeto físico que tiene una significación convencional. Algo que interpretamos y como tal atribuimos significación. Pero el símbolo es más que una materia densa de significación palpable, dado que un sonido, una imagen o un olor son igualmente expresiones simbólicas de nuestra realidad. En la Arquitectura los procesos de significación pasan por el nivel tangible e intangible de la forma y el espacio, que nos llegan de manera sensible.

Es interesante recordar que *symbolum* ha sido tomado del griego *symbolon,* derivado a su vez de la palabra *symballein* = "arrojar con" o "hacer coincidir algo en otra cosa". Este término se utilizó durante mucho tiempo para aludir a alguna convención o contrato. Algunos objetos cumplían con la función de signo de reconocimiento, dado que cada una de las mitades de una moneda, medalla o cualquier otro objeto dividido en dos partes, servía para reconocer o representar a la otra. Sólo la unión de cada una de las partes permitía a sus poseedores reconocer al otro y como tal aceptarle el pedido o la entrega de un documento en el caso de los mensajeros. Este significado de la palabra fue evolucionando y pasó de ser solamente un señal o un signo convencional de algo para complejizarse.

La problemática, pero también el aliciente del símbolo, reside en la imposibilidad de traducir por completo todo su mensaje. Por ejemplo, cuando preguntamos a alguien "qué significa para ti esta forma o este espacio" las definiciones suelen ser ambiguas. Cuando se ambiciona explorar por la razón el sentido de un símbolo, es inevitable que nos conduzca a la proliferación de ideas que están fuera de una explicación racional. El símbolo siempre implica alguna cosa además del significado manifiesto e inmediato. Cuando alguna cosa existe fuera del alcance de la comprensión humana, con frecuencia se utilizan términos simbólicos o metáforas como representación de conceptos que no podemos definir integralmente. Esto ha llevado a que la humanidad fuera construyendo su universo simbólico, asociado a la interpretación de su entorno. Ese entorno está repleto de elementos geométricos permanentes, expresados en la Naturaleza.

Fig. 10. Geometría fractal aplicada al diseño de un techo con estructura de madera. Se puede verificar el patrón de crecimiento armónico basado en una "semilla" (triángulo originado por tres vigas) que se amplia/traslada en una directriz recta. Vivienda L&J en el Hoyo, Chubut, Argentina

En el sentido más amplio no existe forma ni espacio sin reglas interpretativas, establecidas históricamente en cada cultura o asentadas como arquetipos por la paulatina evolución de símbolos en una compleja convergencia y superposición (en menor o mayor medida). Desde ya, el símbolo tiene siempre una base de aceptación social, una noción de identificación con lo propuesto como simbólico. Esto hace que el nivel simbólico no derive directamente de la producción morfológica como un fenómeno racional, sino que está directamente relacionado y condicionado a cada uno de los que se identifique. Como tal, los espacios de la "Arquitectura Biológica" tienen un carácter público insertado en nuestro contexto social. Es en el juego de proyectar que el símbolo se revela.

En esto, la instancia simbolica, se destaca de la instancia imaginativa que deriva del proceso creador de los espacios. De las imágenes nos servimos para poder pensar y conducir nuestra acción creadora, pero es el simbolismo que les da sentido, que nos permite justificar, más allá de la premisas racionales del orden de los funcional o de lo estructural, una forma o espacio.

Para el sistema organizativo, la instancia simbolica de la forma describe una realidad filosófica en la creación de los Espacios Biológicos, basados en una interpretación personal y a la vez una significación apoyada en arquetipos de la humanidad dados por la Geometría Sensible, dejando espacio a la subjetividad y percepción de cada uno. La instancia simbolica de la forma impone determinantemente la interpretación en la lectura de las formas y espacios de la Arquitectura, dado que éstos sufrieron procesos de significación en relación a los elementos geométricos y a los atributos geométricos que presentan, impuestos a priori y en el momento de apreciación y percepción. La instancia simbolica de la forma describe la virtud de la Geometría para convertirse en contemplación filosófica y discurso subjetivo, y hasta poético, influenciado por la metáfora o la alegoría. Esta instancia formal expresa los conceptos simbólicos de la geometría aplicada, englobando las claves de la dinámica del pensamiento, de las emociones y de las acciones.

Hablamos así de una geometría que integra diferentes propiedades perceptivas del orden de lo tangible y de lo intangible, a través de estímulos biológicos, con la finalidad de presentarse como un hilo de comunicación entre la percepción y la expresión, entre lo real, lo simbólico y lo imaginativo.

El dibujo de geometrías que encontramos en la Naturaleza es el instrumento para un proyecto integrador entre el ser que Habita y el entorno habitado.

Fig. 11. Techo reciproco de madera. Aproximación metafórica al espacio del útero materno y al cobijo de la caverna. Vivienda en Puelo, Chubut, Argentina

4. EL PODER DE LA FORMA

Sabemos que el espacio dado por determinadas formas condiciona sistemas conductuales y connotativos del ser humano, pero habrá espacios del ser humano para el "cobijo" del ser humano que por hipótesis sean más de acorde a su biología? Y si esto es verdad, como establecer parámetros de análisis para saber el grado de impacto positivo de determinadas formas y espacios en el ser humano?

Obviamente que las respuestas a las anteriores preguntas son prácticamente inagotables dado el grado de variables presentes si tenemos en cuenta el contexto social y cultural de cada individuo. Pero tampoco el planteamiento es en vano, si la inquietud persiste y la investigación se hace en el tiempo, observando atentamente al ser humano en el espacio de la vivienda.

Fig. 12. La luz difusa que entra por la claraboya de la cúpula funciona como arquetipo de la "cueva". Cúpula de la habitación de GureEtxea, El Hoyo, Argentina.

La investigación de estos años de observación tampoco transcurre en un carácter particular sino que intenta trazar rasgos generales que estén mas allá de cada individuo, familia o mismo cultura. Formas y espacios que son arquetipos de la humanidad y funcionan como un imaginario colectivo y universal tiene como base lo hasta ahora descrito, entre teorías y practicas de la arquitectura biológica.

De la misma manera que nos acercamos a personas por una empatía, o por una mera cuestión de piel, también los paisajes y los edificios nos pueden dejar más alegres o más tristes. Tal como dice Léon Krier:

"los edificios nunca son neutrales, por más neutros o insípidos que puedan parecer. Actúan positiva o negativamente sobre uno; enriquecen o empobrecen nuestra vida de manera radical." 5

Esto fenómeno surge, por el simple facto de que todos vivimos en edificios y rodeados de edificios. Como tal, todos tenemos una opinión formada y consciente de lo que nos hace bien espacialmente. Entonces porque no debatir en la sociedad esos criterios, dado que dejarlos a especialistas nos ha llevado hasta debates ideológicos y conceptuales sobre una base de posturas fálicas y patriarcales que resultan en una lucha de egos sin gran resultado.

Admitamos entonces, que el espacio es antes de todo una idea, es antes de más pensamientos, sentimientos y emociones que están en cada uno, en la comunidad y en la humanidad.

Sin emociones no hay espacio y sin pensamiento no se crea el espacio.

Los espacios son creados en base a un imaginario que proviene desde el tiempo en que empezamos a habitar los árboles y las cavernas. O vayamos más lejos e intentemos rememorar nuestro primero hogar, ese absorbente y orgánico óvalo materno, adonde todos nos cobijamos.

Formas y espacios que están presentes en la Naturaleza macro y micro de manera permanente y, como tal, se asumen como constantes geométricas en el medio biológico. Tal como en todo el ser vivo, también en el propio cuerpo del ser humano (nuestro primero abrigo) están presentes determinados patrones, proporciones y formas geométricas.

Si bien podría ser un tema de la psicoanálisis o específicamente de la semiología y semiótica del espacio arquitectónico, mis avances y retrocesos en el capitulo de entender el "poder de la forma" no se basan solamente en la teoría de la arquitectura, pero si en el análisis empírico e intuitivo producido por la pratica profesional próxima a los usuarios, familias que de manera participativa proyectan y luego vivencian el espacio arquitectónico, su espacio. Nadie hasta ahora quedo impávido y sereno bajo una estructura abovedada, para poner un ejemplo.

Son varios los ejemplos de la búsqueda del ser humano por espacios que lo abrazan y cobijan. Así es el ejemplo de la caverna, que tenia características parecidas pero a su vez muy distintas a cualquier otro espacio que el ser humano pudiera haber experimentado. Distinto al espacio debajo de la copa del árbol o poniendo palos apoyados en un tronco de un árbol, la caverna permitía: controlar la

[5] Krier, Leon; *"La Arquitectura de la Comunidad"*; 2013: editorial Reverté; Barcelona

temperatura por la inercia de la piedra o de la tierra; elegir la luz en función de tapar o destapar las distintas entradas que pudiera tener; controlar la ventilación y hacerla de manera cruzada y eficiente; tener una humedad constante que era algo hasta entonces imposible; acceder a distintas espacialidades dadas por las diferentes escalas de concavidades, túneles y con eso distinguir usos. Este era el lugar más parecido a la primera espacialidad, el útero materno.

Fig. 13 Foto desde el interior de una cueva originada por el manto de lava del Volcán Villarrica, Chile. Se puede verificar la entrada de luz difusa por la "claraboya" de la cúpula de la cueva.

Con la necesidad de moverse, el ser humano tubo que recrear espacios en otros lugares, haciendo uso de su memoria y de la observación del entorno. Con eso, el ser humano, fue creando espacios que se adaptan al territorio y al clima, con el uso de materiales y tecnología local. Como consecuencia de esos avances y experimentaciones, tenemos estructuras escavadas y socavadas en la tierra. Son el ejemplo de esto, las construcciones densas y orgánicas que remiten a formas femeninas y de fertilidad como es el caso de KougKon en Mali; las intrincadas concavidades de patios de Matmata en Tunísia; las intricadas construcciones del acantilado de Dogon; o en general techos que remiten a la cúpula de la caverna hechos con palos como la tribu de los Hógan o con la misma tierra en las bóvedas de los Núbicos.

Con el dominio de las técnicas constructivas y de la tecnología fue posible crear "cavernas" cada vez más elaboradas desde y para el ser humano y sus necesidades físicas, funcionales y espirituales, adonde, hasta hoy, las estructuras abovedadas surgen como una de las mejores respuestas en el tiempo.

El poder simbólico dado por la forma está en esa extrema conexión con lo ancestral y con el mismo útero materno. Esta conexión se expresa en las formas del circulo, elipse, ovalo y a nivel tridimensional en cúpulas y bóvedas de distintas directrices y generatrices.

Fig. 14 Construcciones de tierra en un acantilado. La etnia " dogon ", huyendo del islam, se refugió en el siglo XI en el acantilado que está al límite entre Mali y Burquina Fasso

Es vivible y fácilmente observable la falta de conexión con las arquitecturas modernas y deconstructivistas por parte de la sociedad. Por otro lado, es claro la admiración que experimentamos cuando entramos debajo de un espacio abovedado. La contemplación de la forma surge naturalmente, independiente del grado de erudición de la persona en relación a la arquitectura, de su cultura, credo o condición social. Este fenómeno nos prueba que la comunicación, por parte de la narrativa semiótica, es inmediata y rica a nivel de percepción sensorial, propioceptiva e interoceptiva. Hasta un simple pasillo con una bóveda de cañón se vuelve atractivo, al contrario de un pasillo con un techo plano.

A menudo se habla de la conquista de una estética en base a determinados valores conceptuales que interfieren en gran medida en la concepción del proyecto arquitectónico, influenciando claramente el diseño. Sin embargo, estos valores pueden resultar cuestionables a la hora de diseñar una forma y un espacio. La búsqueda de una estética es importante, pero la estética no es un factor a priori para el proyecto sino que deriva de distintos factores que la condicionan, y si están bien pensados garantizan un ambiente armónico, bello, equilibrado, etc. Así que, en mi humilde opinión, la estética deriva de la ética del proyecto, de su adecuación al entorno y al ser humano.

Lo que llamo de "ética del proyecto" tiene directamente que ver con el reconocimiento del poder que la forma tiene en la condición de nuestro ser. Si un proyecto tiene en cuenta el ser humano, el entorno y es sustentable a nivel estructural, energético, espacial y económico, naturalmente será un "bello" proyecto, un proyecto sustentable a nivel estético/formal.

El ser humano es forma tangible e intangible, a nivel de su cuerpo más etéreo (ovalo electromagnético, bio-campo o aura), de su cuerpo físico visible, de su mente, de su espíritu. Nuestra forma impacta y se ambienta a las formas del entorno y de nuestro hábitat. La conciencia de esto mismo, que nuestras tensiones, movimientos y ritmos musculares marcan una experiencia física inmediata y ancestral del ser humano, confiere poder a la forma y espacio propuesto para vivir. Por otro lado, nuestro ritmo cardo-vascular y respiratorio también se suma en el reconocimiento de patrones que son una base intuitiva, empírica y empática en las relaciones de nosotros con el medio y nuestro hábitat. Esto es además un factor clave en la respuesta estética, dado que está íntimamente relacionada al confort del momento expresado por nuestro cuerpo.

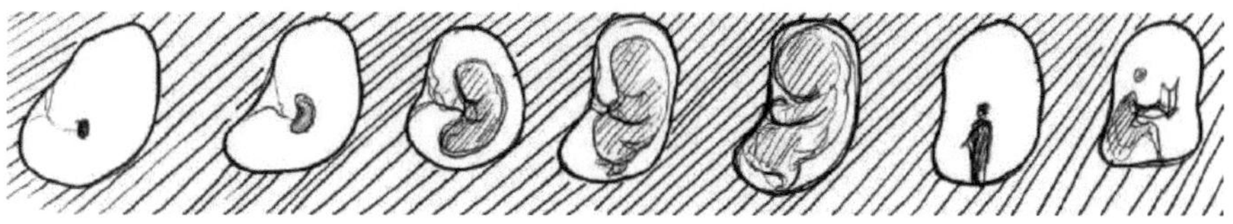

Fig. 15 Aproximación metafórica del espacio del útero materno al cobijo de la caverna y a un espacio arquitectónico. Ilustración de Fabio Mendes

Me atrevo a afirmar que la sustentabilidad estético/formal, definida por el poder que la forma tiene en nuestra construcción de la realidad, es crucial en el entendimiento de patrones y proporciones vitales para nuestro cuerpo y su adaptación al diseño de morfologías para el ser humano. Estos patrones y proporciones, así como los elementos geométricos y sus operaciones morfológicas de simetría y fractalidad, dan el carácter de interdependencia a la forma que la caracteriza por formas bellas, o sea, adaptadas a nuestro ser como parte de un todo, parte del mismo espacio.

La morfología que nos sirve de ciudades, parques, objetos y viviendas debe ser la extensión misma de nuestro cuerpo en una visión global. Mi yo desaparece cuando se siente parte del todo y la construcción de mi mismo es una simple apariencia. La forma tiene este poder de armonizar y conectar materias en un mismo espacio físico y momento temporal. Cuestionarse sobre estas formas es crucial.

Si no sabemos lo que queremos, por lo menos podemos negar lo que no queremos. Esos serian los espacios que nos estructuran en ejes cartesianos como máquinas de habitar, nos jerarquizan en volúmenes de distintas dimensiones con rotulo numerado, o nos encajonan como contenidos de contenedores. No estamos preparados? Preparémonos. La espacialidad no sirve para responder en base a criterios pre-establecidos sino para proponer y ayudar en la ampliación de la conciencia.

Fig. 16. El "Ojo" de la cúpula interceptado por el arco de la entrada a la cúpula origina la figura de una "Vesica piscis", figura arquetípica de un útero, de una semilla, de una hoja. Espacio de reunión en Trevelin, Chubut, Argentina

5. FORMA Y NATURALEZA

En la Naturaleza podemos observar patrones que se repiten en distintas escalas en varias estructuras de seres vivos ya que, según la Biología, es la manera más eficiente de lograr la adaptación funcional requerida y el desarrollo a través del crecimiento. Siendo nosotros mismos seres vivos y parte integrante de la Naturaleza, nuestro imaginario está hecho de estos Diseños y su influencia se transmite en nuestro mundo físico, mental y emocional, adecuando nuestros modelos culturales a conceptos como la Estética o lo Bello.

Paul Klee (1879-1940), refería en un escrito suyo que: *"El diálogo con la Naturaleza sigue siendo una condición sine qua non para el artista".*

Desde siempre y hasta nuestros días, que el ser humano se inspira y apoya sus procesos creativos en la Naturaleza. Ejemplos de morfologías arquitectónicas con principios en la Geometría de la Naturaleza son los edificios de las Catedrales de la Alta Edad Media Europea como la *Notre Dame* de Paris, el Arte Clásico Griego con el *Partenón* de Atenas, el trío formal de las *Pirámides de Gizeh* del Antiguo Egipto o el *templo de Stonehenge* de la Edad de Piedra. Estos como muchos otros ejemplos a lo largo de la historia están profundamente vinculados a la observación de la Naturaleza y a su influencia en el diseño de objetos del ser humano por principios de analogía como es el "Número de Oro".[6]

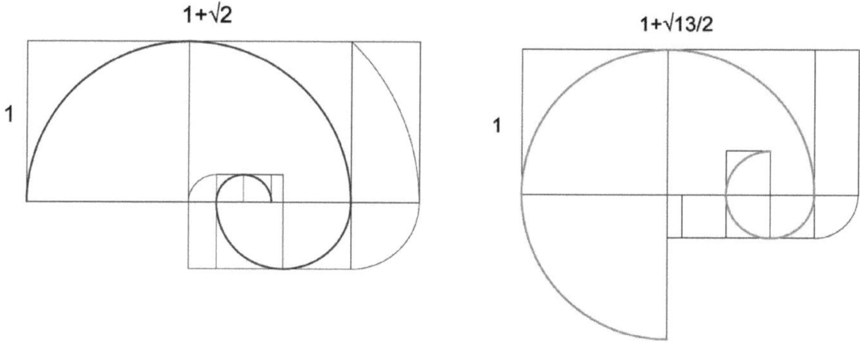

Fig. 17 (a la izquierda) Espiral de Plata (σ Ag = Número de Plata = 1+√2)

Fig. 18 (a la derecha) Espiral de Bronce (σ Br = Número de Bronce = 1+√13/2)

La Geometría nace, precisamente, de la necesidad del ser humano de interactuar con el medio físico. Es fácil entender que cuando el ser humano procura apropiarse de la espacialidad para sus ritos

[6] El descubrimiento del "Numero de Oro" se atribuye generalmente al matemático griego Pitágoras, más tarde Euclides en su libro "Elementos" incluye la primera definición. En el Renacimiento Fray Luca Pacioli lo llamo "proporción Divina". El astrónomo Kepler lo denominó "Sección Divina" y finalmente Leonardo Da Vinci le puso el nombre de "Numero de Oro" (Ø, phi = 1.618.......)

y mitos se base en la geometría que identifica en su entorno físico y en él mismo. Pero antes de la Geometría como ciencia, varias manifestaciones humanas derivaron de y en principios organizativos de la Naturaleza, muchos de ellos imperceptibles como los diseños de microorganismos. En la génesis de la compleja morfología de la Naturaleza existen obviamente principios o leyes que sintetizan todas sus manifestaciones formales. Es hoy sabido que el Número de Oro no es el único número existente en la Naturaleza, como prueba la existencia de la Familia de los Números Metálicos (FNM) introducidos en 1998 por la Drª. Vera W. de Spinadel [12].[7]

Fig. 19. Vivienda Guretxea, El Hoyo, Chubut, Argentina. Espacialidad derivada de una espiral de Plata definida en planta, y de techos y aberturas con estructuras abovedadas catenoides y arcos de catenaria.

Con el libro "La geometría fractal de la Naturaleza" de Benoit Mandelbrot [8] resaltan los fundamentos de la más joven de las geometrías no-euclidianas, la Geometría Fractal. La Geometría Fractal desde sus principios, intenta describir la Naturaleza. Sin embargo no es condición *sine qua non* que las formas de las "nuevas" matemáticas desemboquen necesariamente en morfologías novedosas o extremadamente irregulares. Una morfología con características fractales generalmente es muy compleja, pero no quiere decir que tenga que ser densa e inaccesible desde su apropiación sensorial. Dependiendo de su grado de semejanza un fractal puede ser bastante simple desde su configuración.

[7] "Se trata de un conjunto infinito de números irracionales cuadráticos positivos, cuyo miembro más prominente es el Número de Oro Φ. Otros miembros son el Número de Plata, el Número de Bronce, el Número de Cobre, el Número de Níquel, etc. Constituyen una familia porque gozan de propiedades matemáticas y físicas que son fundamentales en la investigación científica sobre la estabilidad de sistemas micro y macro-físicos, que van desde la estructura interna del ADN hasta las galaxias astronómicas." [12]

En las escalas de micrones y nanómetros encontramos complejos y fascinantes estructuras biológicas que interactúan en el medio ambiente que les rodea. Estas organizaciones vivas componen interesantes objetos de estudio y análisis matemática, pero también imaginarios de ideas formales.

Con la geometría fractal podemos entender los procesos morfológicos para lograr complejidad a partir de patrones y operaciones simples.

Las formas asociadas a estas geometrías son un medio para la aprehensión y entendimiento de la complejidad que permite ampliar la comprensión de los procesos de morfogénesis y la polisemia formal del Diseño. Así, las geometrías fractales tiene la capacidad de ampliar los recursos disponibles para el Diseño, lo cual debe sintetizar, en la Forma y en el Espacio, la Idea.

La Geometría Sensible asume así un papel importante, no solo en la comprensión de las formas biológicas que derivan de procesos dinámicos de la Naturaleza, como también en el establecimiento de principios geométricos para la organización de morfologías que interpretan las formas biológicas y se integran en su entorno físico y ambiental. El arco de catenaria es un ejemplo concreto de un elemento geométrico que encontramos en la Naturaleza.

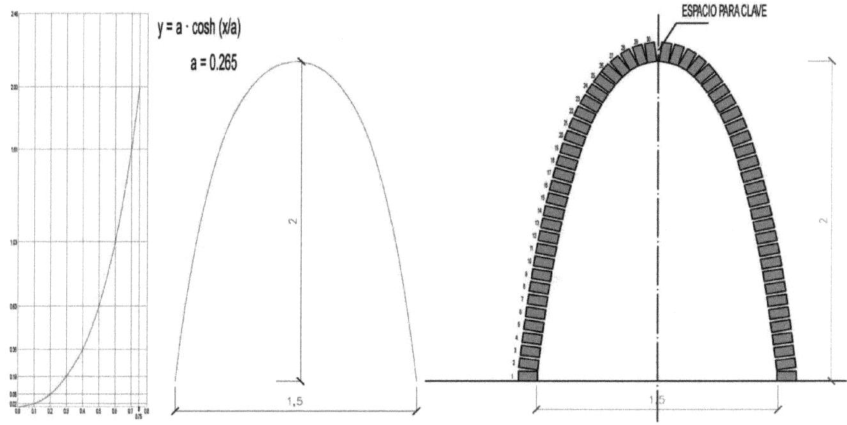

Fig. 20 Proyecto de un arco de catenaria en adobe. Línea catenaria derivada de manera aritmética por la ecuación y=acosh(x/a). La mima línea también se puede generar de manera geométrica y analógica por el acto de colgar una cadena.

Estas morfologías son estructuras vivientes en profundo diálogo con el usuario y con su entorno físico y ambiental. Las formas dependen del lugar y clima para surgir y con él se mimetizan. Son formas biológicas en el sentido que se asumen como un fenómeno vital de integración y adaptación del ser humano al entorno. Las formas integran el medio y con él dialogan potenciando sus recursos y digiriéndose al usuario. El objeto deja de ser importante y crece el concepto de lo habitable, para lo cual el objeto habrá sido pensado, proyectado y construido. La arquitectura asume una visión antropocéntrica y biológica con las formas y espacios producidos y extraídos de la Naturaleza.

La forma arquitectónica deriva de la observación de la eficacia morfológica de la Naturaleza. En este concepto están implícitas una serie de principios a nivel de economía de recursos, no solo materiales, como también humanos. En un tiempo en que la economía es colocada como eje axial de la acción humana, encarada como principio condicionante, es importante comprehender cuales son las formas más eficaces adoptadas por el entorno natural y que hasta hoy le hace permanecer, crecer y desarrollarse en perfecta harmonía.

Nada es mas complejo y al mismo tiempo eficiente que nuestro propio cuerpo y su adecuación y adaptación al medio. Solamente con mirarnos, sentirnos, entendernos, interpretarnos y conocernos podemos, cada vez más, adaptarnos al medio con total clarividencia y conciencia.

Es obvio que la ignorancia que tenemos en relación a nuestro propio ser es la causa primordial y principal de nuestros problemas a nivel de adecuación al medio. Esta inadecuación es formal y espacial. Comprender de antemano que somos un ser de, por ahora, infinita complejidad y potencialidad pero que a la vez somos parte de un todo intrincado en una extensa trama de fenómenos absolutamente conectados, es el inicio para expandir nuestra conciencia y caminar para un estado cada vez mas lucido, más natural, más adaptado.

6. ARQUITECTURA BIOLÓGICA

Según la Biología, un organismo vivo es un "conjunto de átomos y moléculas que forman una estructura material organizada y compleja, en la que intervienen sistemas de comunicación molecular, que se relaciona con el ambiente con un intercambio de materia y energía de una forma ordenada y que tiene la capacidad de desempeñar las funciones básicas de la vida que son la nutrición, la relación y la reproducción, de tal manera que los seres vivos actúan y funcionan por sí mismos sin perder su nivel estructural hasta su muerte." [15]

En base a esta definición tratamos los objetos arquitectónicos, en el momento de análisis y producción de formas, como organismos vivos. Como ya hemos visto en el prólogo, es central el aporte de la Geometría en la caracterización de nuestro concepto de Arquitectura Biológica.

Partimos así de la hipótesis inicial que si la Arquitectura, en su espacialidad incorpora patrones, proporciones y elementos geométricos de la Naturaleza Compleja y que al mismo tiempo son arquetipos de la Humanidad (Geometría Sensible), la misma se vuelve integradora produciendo una simbiosis entre lo biológico del ser humano y el espacio contenedor de sus emociones, acciones y pensamientos.

El análisis y entendimiento de la Naturaleza con sus geometrías proporcionan la creación de formas según los mismos principios y como tal más próximas de un vinculo integrador, eficiente con el medio ambiente y el entorno biológico.

Actualmente vivimos en una crisis del paradigma que ya no sirve para dar respuesta a las inquietudes del ser humano en el medio ambiente y se está paulatinamente cambiando hacia distintos códigos. El ser humano ya no es más visto como independiente de la Naturaleza, pero si como parte integrante, lo que reclama una visión integradora y holística de la espacialidad arquitectónica.

La Arquitectura se esforzó, tras la Gran Guerra, para alejarse de los preceptos de la Naturaleza, en un ejercicio de control racional del entorno. Ya en el siglo XXI empieza con propuestas de morfología arquitectónica y planificación urbanística que imitan los complejos sistemas de la Naturaleza para obtener sus beneficios a nivel de adaptabilidad al medio. Sin embargo, algunos de esos gestos formales solamente viven de su intencionalidad o de una metamímesis conceptual con analogías simbólicas al entorno natural. Están lejos de la interpretación séria de los elementos geométricos y de su importancia formal como integradores en lo concreto del habitar.

Dentro de una análisis séria, se empezaron a analizar los Diseños humanos ancestrales que se basan, a menudo, en modelos aparentemente sencillos, pero que responden a complejos patrones en términos matemáticos, tales como los diseños fractales, objetos semi-geométricos cuya estructura básica se repite a diferentes escalas (auto-semejanza).

Por ejemplo, Ron Eglash[8] ha comprobado cómo los diseños de distintos pueblos de África responden a una estructura fractal, cuyos atributos geométricos son idénticos tanto cuando son vistos al detalle como si son observados a una escala cambiante cada vez mayor, como si empleáramos el "zoom" en una aplicación informática.

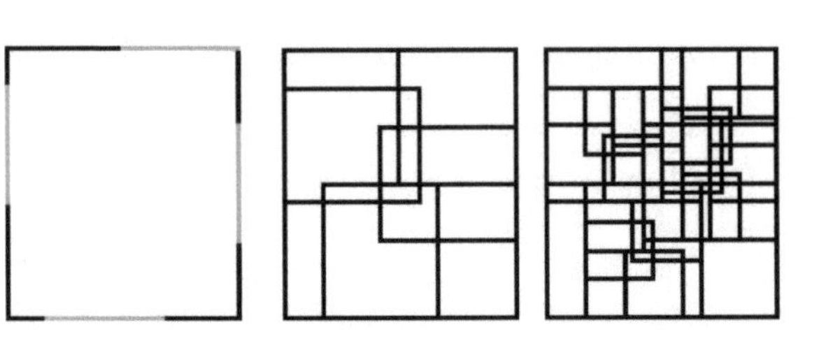

FIG. 21 Vista aérea de la ciudad del palacio de un jefe en Longone-Birni. Camerún. Análisis del Diseño fractal por Ron Eglash en su libro "African Fractals" [5]

Ron Eglash, , ha demostrado cómo varios aspectos del diseño africano - arquitectura, arte y peinados tradicionales a base de complejos trenzados – están fundamentados en precisos patrones fractales. [5]

Hay poblados africanos que, sin habérselo planteado de manera consciente, se organizan como fractales estocásticos o auto-semejantes presentes en la Naturaleza. Sorprendente, este mismo modelo, usado por la estructura de los poblados de tribus tradicionales africanas, se mantiene en la ciudad precolombina de tierra, como es el caso de Chan Chan en Perú.

Al ser cuestionados acerca de los diseños usados, los lugareños en africa explican, según Ron Eglash, que simplemente se trata del diseño con el mayor sentido común y que ha demostrado quizá una utilidad mayor a lo largo de las generaciones.

No muy lejos de los lugares visitados por Ron Eglash para escribir su libro los insectos son capaces de crear lugares de cobijo y las termitas africanas erigen complejos nidos como auténticas catedrales.[9]

[8] Ron Eglash, etno-matemático estadounidense especializado en estudiar las similitudes entre las matemáticas, las culturas humanas y la naturaleza.

[9] montículos erigidos con una mezcla de saliva, tierra y excremento, que pueden llegar a medir 8 metros de altura y están orientados al norte (ambas características para regular la temperatura).

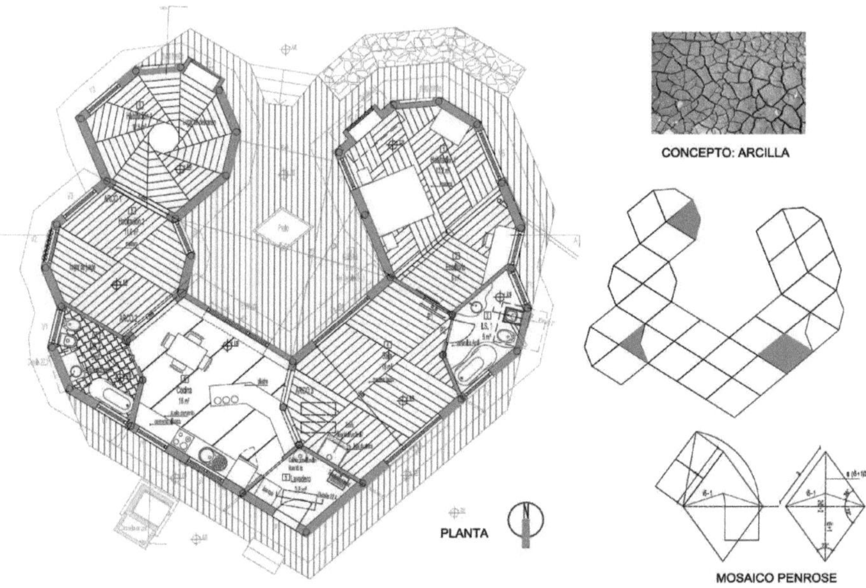

Fig. 22 Vivienda C&A, Buenos Aires, Argentina. Planta estructurada por una trama no-periódica ("Mosaico de PenRose").

Como cualquier organismo vivo, el ser humano siempre ha tenido la capacidad de adaptarse a un lugar resolviendo los problemas que el entorno le creaba.

Para C. Alexander el proyecto es exactamente la solución a un problema inicial que el ser humano identifica, así como sus causas y el entorno físico y cultural que envuelve determinado fenómeno. Todo este proceso se da por una reacción a un conjunto de presiones. Esas presiones son las que determinan las distintas direcciones de los procesos para lograr resultados satisfactorios para la evolución del ser humano.

"(...) Cualquier aspecto formal que resultara inadecuado, estaba destinado a desaparecer con el tiempo. La sucesiva progresión en la solución a presiones y el avance da como resultado que las soluciones que tienen capacidad de seguir ofreciendo respuestas lógicas, con el pasar de los años se convierten en patrones". [1]

Todos los factores, incluso el viento, el oleaje y la rotación de la tierra, así como su movimiento en torno al sol y la relación con otros planetas y la luna, forman nuestro entorno geometrizado por sinusoides, hélicoides y espirales. El Diseño humano debe tener en cuenta el lenguaje geométrico de la naturaleza captado de manera sensíble por el ser humano, y cómo puede ser aplicado el Diseño para satisfacer necesidades humanas específicas.

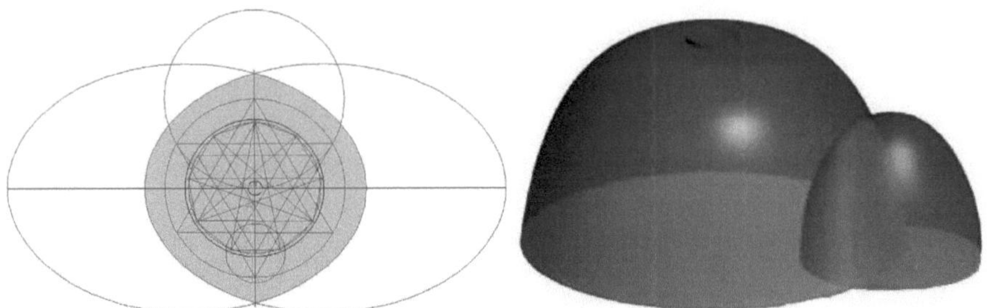

FIG. 23 (a la izquierda) Planta de la "Casa del Arte Ana Belanko", Rio Negro, Argentina, 2012. Arquitectura Biológica incorporando Geometría Sensible.
Fig. 24 (a la derecha) Intercepción de dos cúpulas (semi-paraboloides) que configuran una Vesica-piscis tridimensional, una semilla.

Reconocer la existencia de patrones vivos y articulados entre sí en la organización de la espacialidad vivenciada por el ser humano, es de extrema importancia para entender la particularidad sociocultural y geo-climática del lugar o viceversa. La identidad de formas y espacios se puede reconocer observando el resultado de las soluciones adoptadas a través de su entorno inmediato. De la misma manera se puede reconocer y avalar si la realidad de la arquitectura es consciente de las necesidades físicas, simbólicas e imaginativas del ser humano.

Independiente de la metodología adoptada para el Diseño de una Arquitectura Biológica, se puede adelantar que el reconocer de los elementos y atributos geométricos de la Naturaleza y de la Arquitectura Popular, reincide en un guía de recomendaciones válidas para el proyecto integrador con formas y espacios conscientes de su entorno físico y climático.

La arquitectura popular nace exactamente de la necesidad primaria de resguardo de los fenómenos naturales. Como tal, la arquitectura hecha de esa manera se aproxima de un acto natural del ser vivo (Humano) en su adaptación al medio.

Amos Rapoport define la actividad de construcción vernácula como:

"una arquitectura que está libre de la pretensión de teorizar sobre el por qué y el cómo de la conformación de las construcciones, está libre de la pretensión de la simulación de una tendencia estética no comprometida con la primera función que fue otorgada a los recintos..." [9]

La Forma hace parte del medio ambiente y este será afectado y organizado por el surgimiento de la Forma. Es decir, debe organizarse el medio ambiente de modo tal que su regeneración y reconstrucción propia no desorganice constantemente su funcionamiento.

Como tal, la Arquitectura Biológica en su caracterización morfológica está basada en el reconocimiento de las enseñanzas extraídas del análisis de la arquitectura popular, al mismo tiempo que se basa en la aplicación de la Geometría Sensible como patrones geométricos permanentes en la Naturaleza y geometrías y sistemas semánticos, arquetipos de la Humanidad.

La Arquitectura Biológica está directamente relacionada con el análisis de los procesos biológicos que componen la Naturaleza y el ser humano como sistemas integrados.

Fig. 25. Techo de madera estilo Hógan. Se origina una morfología fractal producto del movimiento de reducción/rotación aplicado a los 6 hexágonos y a los triángulos equiláteros que componen el techo. Vivienda en el Hoyo, Chubut, Argentina

7. PROYECTAR CON EL CUERPO. El diseño biológico

Ahora veamos como podemos, a nivel proyectual, antes y durante la obra, hacer uso de nuestro cuerpo para dibujar la espacialidad.

Nuestro cuerpo, este inagotable elemento de inspiración, fuente de inúmeras propuestas de morfología fractal con bellas simetrías y sublimes proporciones, es el más accesible e intrínseco elemento que tenemos para estudiar y en el basar nuestra búsqueda por una espacialidad biológica que a nosotros mismos nos cobije.

Usar el cuerpo como herramienta de diseño tiene distintas interpretaciones y se me ocurre que todas ellas son plausibles de ser usadas en el marco de la arquitectura biológica. Veamos.

Si he afirmado que la espacialidad de las viviendas que proyectamos y construimos debe de tener en cuenta las geometrías de la Naturaleza y de nosotros mismos como parte integrante, entonces nuestro cuerpo es parte del proceso proyectual como: referente de proporciones y patrones armónicos; como elemento intuitivo y sensitivo del espacio; como codificador y descodificador de un código simbólico; y directamente como portador de la herramienta mano/mente para el diseño.

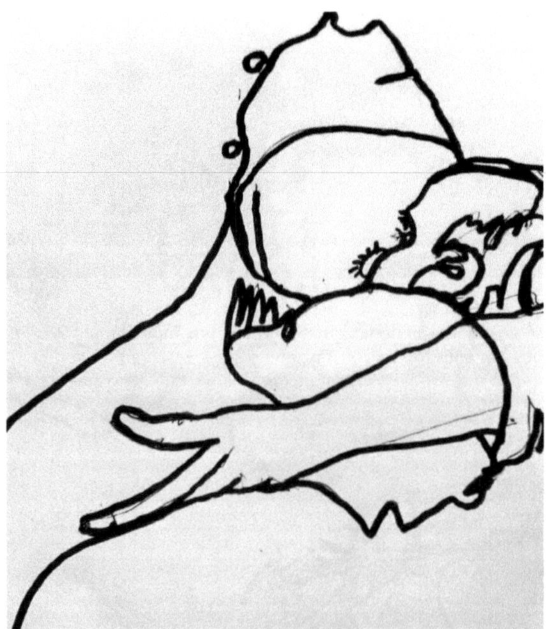

Fig. 26 Dibujo de diario grafico. Niña habita el espacio del regazo de su madre mientras toma la teta

Nuestro cuerpo, por medio de distintas estrategias, es un eximio dibujante de espacialidad. Comúnmente, con nuestros simples movimientos cotidianos podemos determinar variadas espacialidades que sirven de envolvente a nuestro cuerpo. Cuando no somos condicionados por los objetos y la propia arquitectura de espacios, entonces nuestro cuerpo es libre en expresar movimientos y determinar espacialidades.

Cuando, por ejemplo, nos despertamos por la mañana y cocinamos el desayuno, desayunamos, vamos al baño, etcétera, todas estas actividades están altamente condicionadas por un espacio arquitectónico que en la mayoría de las veces no se coaduna con nuestras acciones corporales, sino mas bien que nos adaptamos a sus contingencias. Ahora bien, cuando podemos en un espacio sin barreras (paredes, objetos, mobiliario, etcétera) dibujar libremente con nuestro cuerpo y mente el espacio que necesitamos para nuestras actividades expresándolo "en el aire", ahí es cuando nos damos cuenta de la diferencia a nivel de libertad de movimiento. El espacio deriva de la adecuación exacta a nuestro cuerpo en movimiento. La paredes, techos y mobiliario surgen después del cuerpo en el espacio y no a la inversa.

Si bien nuestras acciones siempre son condicionadas por el espacio, es importante que el espacio también sea fuertemente condicionado por nuestras acciones.

Varias son las actividades en las cuales nos sentimos libres dibujando el espacio, como es el caso cuando danzamos, hacemos "Euritmia" o corremos en la playa en movimientos sinusoidales de ida y vuelta con las olas. Esta expresión corporal que asume el cuerpo nos dota de experiencias que son útiles en el manejo de la construcción espacial.

Fig. 27. Interior de la Vivienda Mayum, Villa la Angostura, Argentina. Las dos curvas acompañan el movimiento del ser humano hasta la entrada a otro ambiente y adecuan el mobiliario ortogonal a aspectos funcionales.

Este dibujar de la espacialidad parte de la conciencia del espacio tridimensional y de la capacidad de visualizar nuestro cuerpo en el contexto de un terreno, de una vivienda, con las demás personas, con objetos y todo a la vez.

Con distintas estrategias se puede dibujar la espacialidad biológica, tales como: con el intuitivo y automático dibujo proyectivo; con el organicismo de las formas o analogías naturales; con la exaltación de la dialéctica natural-artificial; con la traducción de las leyes de la naturaleza y la dedicada observación (percepción sensorial y sensitiva) de la naturaleza; y en definitiva con el uso de la Geometría Sensible.

Para el automático e intuitivo dibujo proyectual es importante antes tener definido una serie de premisas a nivel racional, como son el análisis del terreno y clima y principalmente el programa arquitectónico, o sea, lo que necesitamos a nivel espacial en la vivienda tales como áreas de descanso, de compartir, de cocinar, de sanarse/asearse, etcétera... En el momento que las consignas están definidas, ahí si podemos hacer algún ejercicio de respiración, concentración o/y meditación y luego empezar de manera rápida e intuitiva a dibujar la espacialidad con un trazo libre y fluido. Esta practica es muy efectiva a la hora de plantear espacialidades orgánicas. Si embargo, nunca se debe descuidar la adecuación al análisis racional que implica el proyecto.

También es una efectiva metodología las analogías que podemos hacer a las morfologías de la naturaleza y de nuestro cuerpo como ser vivo y de ahí partir para entendimiento de los factos que se repiten a nivel físico y químico y que se pueden coadunar a la arquitectura.

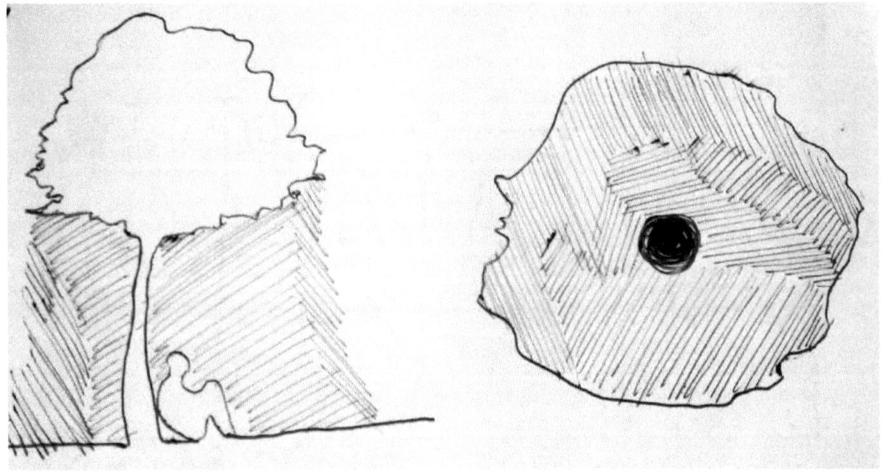

Fig. 28 Primera idea de espacialidad del ser humano. La copa del árbol dibuja naturalmente una estructura abovedada y la sombra delimita un espacio de cobijo.

A par de la morfología de nuestro cuerpo como elemento estructural del espacio, está la técnica y la tecnología empleada y la propia materialidad de la construcción que funcionan como condicionantes de la espacialidad en distintos contextos socio-culturales. Cualquier material de construcción surge simplemente de la necesidad del ser humano de construir, que a su vez surge de la necesidad de abrigarse o protegerse.

Así mismo, las creencias y los hábitos de una comunidad se ven plasmados en su forma de construir. Por eso, la arquitectura de tierra llega a identificarse con el usuario que ve su casa como algo propio e inseparable de la idea de hogar y de cobijo. Eso se dá porque la "tierra" es ante todo el material que compone el suelo que el ser humano pisó cuando, en su desarrollo, bajó de los árboles. Después, la tierra pasa a ser lo que lo envuelve para protegerse.

Ancestralmente, el ser humano utilizó como abrigo estructuras naturales existentes, tales como grutas de piedra o árboles. A estas espacialidades su cuerpo se adaptaba, apropiándose del espacio ya existente de la mejor manera para satisfacer sus necesidades de orden física y funcional. Después, con la exigencia de otras necesidades, construyó abrigos con los materiales que tenía en su entorno más próximo que fueron de fácil manejo, entre ellos la tierra. En esta etapa el ser humano se veía condicionado por los materiales pero ya podía elegir el espacio que adoptaba para si. Tanto en una como en otra situación, la naturaleza como envolvente de un espacio habitable está en nuestro imaginario desde la gruta o la caverna hasta las viviendas excavadas bajo tierra.

Fig. 29. Casa de adobe con techo de "torta". Valle de los Calchaquíes, Argentina

Con el desarrollo de técnicas y estéticas dadas por generaciones y generaciones se han logrado diseños que resaltan la identidad cultural de cada pueblo o asentamiento humano y que los hace distinguirse en el contexto de un tiempo globalizado. La adaptación a costumbres, formas de vida y de producción así como la organización espacial han dado coherencia a la arquitectura de cada lugar y de cada pueblo.

Cada cultura tiene sus movimientos, sus cuerpos y su morfología espacial producto de un contexto bio-ambiental.

La apropiación de la espacialidad es un acto intuitivo y su delineamiento en búsqueda de mejorarla para usos pragmáticos y estéticos es inherente a la humanidad.

La organización espacial está dada por la relación que se establece entre cada espacio y sus usos, y entre un edificio y los edificios de su entorno. Cada lugar marca la necesidad de cada pueblo o familia, dado que el clima y el terreno condicionan la disposición y diseño. El espacio surge como un volumen conquistado adentro de la tierra, en el caso de las viviendas subterráneas, o como resultante de la plasticidad del material y de las vicisitudes de la autoconstrucción. Esto lleva a la determinación de formas aparentemente arbitrarias pero que siguen un acto orgánico derivado de la necesidad funcional, de lo sensible, de lo estructural y tecnológico por un lado, y por otro, derivado del imaginario de la naturaleza dado por su observación.

De cualquier manera, la tierra como material constructivo también posibilita ejecutar una obra en base al seguimiento riguroso de la forma proyectada y de excelencia a nivel técnico hasta la etapa final de terminaciones, sin por eso perder su plasticidad.

Fig. 30 Revoques gruesos de barro, reglados en paredes curvas. Se utiliza una guía curva hecha con una manguera de agua de 1" abajo y arriba y la regla pasa verticalmente determinando el plomo de la pared y conservando la forma. Paredes de la vivienda GureEtxea, El Hoyo, Argentina

La tierra es el elemento natural que materializa paredes a plomo, revoques reglados y llaneados sin que con eso pierda sus características. Por otro lado, el mismo material posibilita materializar paredes hechas directamente con las manos en un profundo dialogo con el cuerpo y derivando su textura de los movimientos y ritmos del ser humano. Es esta ambivalencia de procesos que le da potencialidad en la etapa de ejecución a nivel morfológico.

La tierra como material permite el acto de creación en la construcción derivado de una decisión intuitiva o *abductiva.*10 Su plasticidad, preferentemente dada por el tipo de técnica (bloques, encofrados, mixtas y con o sin reciclados), dota a este material de un carácter orgánico y próximo a las formas de la naturaleza, puesto que el propio material es naturaleza.

La capacidad del material de moldearse también permite ir descubriendo el espacio como una gran escultura socavada. La sostenibilidad de la tierra radica en el hecho de ser uno de los materiales que conforman los espacios de la naturaleza, generando así una meta-mímesis ecológica.

Por otro lado, la posibilidad de moldear las paredes y techos y con eso esculpir gradualmente la espacialidad, sumado a la facilidad de cambiar su forma sin casi impactos económicos o ecológicos, le da la posibilidad de experimentar el acto creativo del proyecto obedeciendo a las leyes del "caos" o del azar, que implica riesgos o percances. También la posibilidad de prever o contemplar probables cambios que puedan surgir en el contexto dado por la construcción, le confiere un carácter escultórico espacial, puesto que el espacio está definido por el conocimiento empírico más próximo a las necesidades del momento del usuario. El espacio conquista una escala humana y confortable con un reconocimiento directo de las formas que habitan y configuran la naturaleza. La tierra como material natural de construcción tiende a conformar espacios orgánicos más próximos al imaginario biológico del ser humano.

El simple acto de poder trabajar directamente con las manos subiendo y revocando paredes, incluso moldeando las paredes, introduce nuestro cuerpo en la determinación de la morfología de la vivienda. Son nuestras manos que piensan, sienten y hacen el espacio.

---

[10] La abducción es la lógica del pensamiento proyectivo. (J. Sarquis). En la construcción, el acto de proyectar se mantiene. Cada gesto o decisión proyectual sigue el anterior con la reaccion abductora del proyectista en el proceso proyectual.

Fig. 31. Paredes de barro con detalles proyectados en obra a partir de la abducción del espacio en el proceso de obra. Entrada fría de la Vivienda GureEtxea, El Hoyo, Argentina

De cualquier manera, lo expuesto anteriormente no significa que una vivienda con tierra sea hecha prácticamente "sobre la marcha". Hoy en día, la existencia de un proyecto que planifique la obra es menester, principalmente con el objetivo de ahorrar en recursos económicos, materiales y también humanos. El proyecto arquitectónico es primordial en el ejercicio de cuestionarse "lo que quiero", anticipando indecisiones y clarificando dudas. El proyecto arquitectónico es la simbiosis dada por el diseño entre el estado intuitivo y sensible con el analítico y racional en la planificación coherente de la vivienda desde lo estético a lo constructivo. No obstante, de la misma forma que el proyecto planifica y estructura el espacio de una manera pensada y sentida, también debe permitir que partes de la vivienda surjan en obra con el entendimiento real del usuario y del proyectista ante la realidad física y tridimensional de la vivienda: el proyecto solo termina cuando termina la obra.

Fig. 32 Taller de cúpulas y bóvedas de tierra para niños de los 6 a los 12años. Construcción de una “casita de barro” para el “espacio de aprendizaje Semillas del Sol”, El Bolsón, Argentina. LA construcción se hizo totalmente con las manos.

Pero tal como en la obra el uso racional e intuitivo del cuerpo es importante en el delineamiento de la forma y espacio, también en el proyecto es crucial la incorporación de nuestro cuerpo para el entendimiento del espacio arquitectónico.

Durante la etapa de proyecto, y mediante el uso de métodos que lleven a anticipar el espacio tridimensional futuro de la vivienda, es importante simular la espacialidad. Esto se puede hacer en el mismo terreno con estacas que simulan las dimensiones de la futura vivienda a construir. Así empezamos a recorrer el espacio con nuestro cuerpo simulando: como llegamos a la vivienda, como y adonde entramos, como es adentro, como y qué se ve desde las ventanas hacia fuera, como entra el Sol en el interior, etcétera, etcétera. El acto de proyecto se va delineando con la ayuda del cuerpo.

A la hora de proyectar, conviene diseñar con consciencia, sintiendo el espacio. Sentir el espacio es exactamente la práctica de diseñar con el cuerpo, con nuestro propio cuerpo y/o de quien va a habitar la vivienda. Debemos acostarnos en el piso para darnos cuenta de cuánto ocupa un lugar de descanso; desplazarnos entre mesadas para saber cuánto espacio necesitamos para cocinar; hacer como que lavamos en el aire para saber a qué altura lavaremos los platos; sentarnos cómodamente para saber cómo será el lugar de lectura o de trabajo; danzar libremente esculpiendo el espacio destinado a compartir; en definitiva, cerrar los ojos y simular las acciones y movimientos que puedo hacer. Con este cerrar de ojos imagino, visualizo, ideo y asi voy determinando la forma de las paredes, la altura de cada lugar, la morfología de los techos, las relaciones entre espacios interiores, etcétera.

Cerrando los ojos e imaginando las cosas que hacemos o los recorridos que efectuamos en ese espacio lo dibujamos con la imaginación. Por otro lado, puedo verificar medidas que necesito usando mi propio cuerpo, por ejemplo, qué espacio tiene que tener un baño, qué espacio necesito para cocinar, para compartir o para cualquier acción que haga en base a la actividad que propuse para dicho espacio

El objetivo es que se pueda optimizar al máximo el espacio y adaptarlo a nosotros mismos sin desperdiciarlo. Es como hacerse un traje a la medida, lo cual conlleva que tenga que probármelo para que no me quede largo o corto. La vivienda, en definitiva, se considera como una nueva piel, perfectamente adaptable.

Con la apropiación del espacio por parte del cuerpo, humanizo la morfología de la vivienda y anticipo sensaciones que luego se amplían cuando se materializa la obra. Este acto de proyectar incrementa las configuraciones posibles para cada ambiente, espacio y forma. Es infinita la posibilidad de morfologías proyectadas en base a cada individuo. La mente, cuerpo y espíritu de cada uno moldea la forma sin modelos pre-concebidos.

Imponer modelos al espacio de la vivienda y a nuestras actividades es limitar el ejercicio creativo, además de estar proyectando no para un ser humano, no para un cuerpo vivo, sino para estandarizados mobiliarios, áreas y personas. El espacio debe adaptarse no a los códigos vigentes (sala, habitación, cocina y baño), sino a las actividades en función de los movimientos, acciones, períodos, simbolismo e imaginario que éstas requieran.

Una experiencia concreta en lo que es proyectar en obra directamente la espacialidad y dibujar el espacio en el momento de la construcción es en la elaboración de las estructuras abovedadas si cimbra.

El método de elaboración de los techos abovedados alabeados permite elaborar espacialidades muy organicas y directamente derivadas de la acción del cuerpo mientras construye. En el movimiento del brazo y del propio cuerpo en el andamio que determina la forma de las bóvedas. Por otro lado es el cuerpo que determina varias referencias para la construcción de la bóveda.

Las estructuras abovedadas con la técnica constructiva sin cimbra es, hasta ahora por mi experiencia, la forma más biológica de construcción que pude acceder.

Esta manera de construir los techos resulta ser muy intuitiva y al mismo tiempo rápida y barata a nivel de recursos materiales. Es también la más coherente entre el proyecto y la construcción, en el sentido del uso del cuerpo como elemento de proporciones en el dibujo de la espacialidad y en la utilización de geometrías de la naturaleza en el acto proyectual.

Al construir los techos abovedados, uno se hace unitario con la materia del espacio, esa sublime superficie compuesta de un sumo de piezas, la bóveda o la cúpula. Ninguna pieza significa nada sin las demás y las demás no son nada sin esa misma.

Fig. 33 Foto de una estructura abovedada alabeada construida sin cimbra. Las guías son el propio cuerpo y la forma es determinada por la experiencia del albañil mientras proyecta en el momento como va avanzando la forma.

Arriba del andamio tenemos que estar profundamente conectados con la volumetría tridimensional que estamos dibujando en el espacio teniendo como referencia la acción y movimiento de nuestro cuerpo. Es crucial nuestra mirada atenta, la respiración consciente, la concentración sobre la forma, la amplitud del brazo constante y el ángulo de la muñeca.

La morfología va siendo definida mientras se pega cada adobe, cada ladrillo y cada hilada.

La superficie de la "cueva" es dibujada tridimensionalmente y la mano es la herramienta que piensa, siente y hace en el tiempo.

En este momento es coherente afirmar que el espacio conquistado por estos cuestionamientos, tanto en la etapa de proyecto como de obra, parte de un diseño biológico.

En síntesis, el diseño biológico consiste en proyectar y construir en base a nuestras acciones habituales, verificando el espacio que necesitamos en relación a nuestro cuerpo. Se proyecta el espacio sintiendo con el cuerpo.

El espacio es un organismo vivo; es el caparazón de un ser viviente, es nuestra piel.

8. EPILOGO

Hacer un resumen final de algo que expongo como una inquietud, como una especie de pensar alto con el lector, es prácticamente imposible. Le debería quizá llamar de "continuidad" y no "epilogo". Pero siempre hay algo que queda por decir, o más bien, sintetizar en la hora de las despedidas.

Y en este caso, dejo escrito mi deseo de que la búsqueda por una "arquitectura biológica, humanizada, orgánica, inclusiva, etcétera," no sea una cuestión conceptual, pero si la practica constante por sumar y mejorar la espacialidad que cobija el ser humano.

La Arquitectura siempre será naturalmente dinámica y orgánica en el sentido practico, dado que alberga un ser vivo, influenciando sus conductas. Pero lo más importante es que ese influenciar permite mejorar sus condiciones de vida a nivel del sentir, pensar y hacer cuotidiano.

Es la arquitectura que abraza los miedos, angustias, dolores, dudas, pero también los deseos, alegrías, euforias, confianzas de cada ser humano que habita, habla y espacializa el planeta Tierra.

Fig. 34 Vivienda Mayum en Villa La Angostura, Argentina. Vivienda con techo alabeado derivado de la superficie de la "Curva de Viviani". Vivienda en tierra con aplicación de Geometría Sensible y diseño bioclimático.

En el momento de "hacer" Arquitectura tenemos que sentir y pensar el espacio conectándonos con nuestro entorno, haciendo uso de las morfologías que nos rodean y que nos estructuran como materia viva en un contexto global.

Tenemos que preguntar a que espacialidad pertenecemos, en que realidad espacial habitamos y hablamos, adonde queremos vivir formal y espacialmente para que ampliemos nuestra conciencia teniendo nuestras necesidades básicas resueltas.

Tenemos que elogiar la matriarca que nos dá la vida y que de su vientre hace nascer nuestros mitos, nuestros ritos. Esa grande madre Tierra (AmaLur, PachaMama...) que desde siempre nos permite abrazarnos, amarnos, bailar, cantar, aprender, comer, defecar, mear, cocinar, descansar, meditar, estar, ser.

9. REFERENTES:

[1] ALEXANDER, Christopher; ***"Ensayo sobre la Síntesis de la Forma"**;* ed. Infinito; s/l, s/f

[2] ARESTA, Marco. ***"Arquitectura Biológica: la vivienda como organismo vivo";*** ed. Diseño Buenos Aires: 2014; ISBN: 978-987-3607-26-4

[3] ARESTA, Marco; ***"Geometrías Sustentables"*** en "Proyecto y Ambiente". Si + amb: XXV Jornadas de Investigación FADU-UBA y VII Encuentro Regional; editora Aulas y Andamios; Buenos Aires 2012; ISBN: 978-987-1597-22-2

[4] DOCZI, György; ***"El poder de los límites***"; Shambala Publications 1981 Ed. Troquel Buenos Aires 1996; ISBN: 950-16-0351-2

[5] EGLASH, Ron; ***"African Fractals – Modern computing and indigenous design"**;* ed. Rutgers University Press; New Jersey 2005; ISBN: 0-8135-2613-2

[6] - KRIER, León; "La Arquitectura de la Comunidad"; 2013: editorial Reverté; Barcelona; ISBN: 978-84-291-2302-9

[7] - LAWLOR, Robert; ***"Geometría Sagrada";*** 1993: editorial Debate; Madrid; (Tr. María José García Ripoll, Titulo original: "Sacred Geometry"; ed. Thames and Hudson; 1982 London); ISBN: 84-7444-748-8

[8] MANDELBROT, Benoît. ***"La Geometría Fractal de la Naturaleza"***; Metatemas 49, Tusquets editores, traducción de Josep Llosa, Barcelona 1997; ISBN: 978-84-8310-549-8

[9] RAPOPORT, Amos; ***"Cultura, Arquitectura y Diseño"**;* ediciones UPC; 2003

[10] SIEGEL, Daniel J.; ***"La mente en desarrollo"***; Editorial: Desclee De Brower; España 2008; I.S.B.N : 9788433021885

[11] SPINADEL, Vera W. de, PERERA, Jorge G., PERERA, Jorge H.; ***"Geometría Fractal"***; Nueva Libreria S.R.L.; Buenos Aires 2007; ISBN: 978-987-1104-45-1

[12] SPINADEL, Vera W. de.; ***"From the Golden Mean to Chaos"***; ed. Nueva Librería (3ª edición); Buenos Aires; Junio de 2010; ISBN: 978-987-1104-83-3

[13] WAGENSBERG, Jorge; ***"La Rebelión de las Formas – O como perseverar cuando la incertidumbre aprieta"***; ed.Tusquets; Barcelona 2005; ISBN: 84-8310-975-1

[14] http://es.wikipedia.org/

[15] http://www.rae.es/rae.html

yes
I want morebooks!

Buy your books fast and straightforward online - at one of the world's fastest growing online book stores! Environmentally sound due to Print-on-Demand technologies.

Buy your books online at

www.get-morebooks.com

¡Compre sus libros rápido y directo en internet, en una de las librerías en línea con mayor crecimiento en el mundo! Producción que protege el medio ambiente a través de las tecnologías de impresión bajo demanda.

Compre sus libros online en

www.morebooks.es

SIA OmniScriptum Publishing
Brivibas gatve 1 97
LV-103 9 Riga, Latvia
Telefax: +371 68620455

info@omniscriptum.com
www.omniscriptum.com

Printed by Books on Demand GmbH, Norderstedt / Germany